CÉLÉBRITÉS CONTEMPORAINES

ÉMILE ZOLA

LITTÉRATURE
BEAUX-ARTS
SCIENCES
POLITIQUE
JOURNALISME

PARIS
A. QUANTIN
Éditeur
1883

CÉLÉBRITÉS CONTEMPORAINES

ÉMILE ZOLA

PAR

GUY DE MAUPASSANT

PARIS

A. QUANTIN, IMPRIMEUR-ÉDITEUR

7, RUE SAINT-BENOIT, 7

1883

vie vous l'a dit, il faut bien n'ac-
coutumer à la mort, car elle va
désormais nous prendre chaque jour
un peu des autres et de nous-mêmes.

Bien affectueusement

Emile Zola

Médan, 24 mai 80

Mon cher ami,

Votre lettre m'est arrivée comme je commençais l'article qui a dû paraître ce matin. Je suis encore si bousculé par mon voyage à Rouen, que je n'ai pas la tête bien à moi. Enfin, j'ai voulu tenir ma promesse; et si l'article n'est pas fameux, ne m'en veuillez pas. Je l'ai bâti surtout pour donner un coup d'épaule à l'édition.

Moi aussi je ne puis me débarrasser de la grande image de Flaubert. Le soir, avant de m'endormir, je le vois constamment. Enfin, com-

Méolan, 24 mai 80

Mon cher ami,

Votre lettre m'est arrivée comme je
commençais à m'inquiéter. l'ami ainsi je
le vois couramment. Enfin, con-

ÉMILE ZOLA

ÉMILE ZOLA

I

L est des noms qui semblent destinés à la célébrité, qui sonnent et qui restent dans les mémoires. Peut-on oublier Balzac, Musset, Hugo, quand une fois on a entendu retentir ces mots courts et chantants? Mais, de tous les noms littéraires, il n'en est point peut-être qui saute plus brusquement aux yeux et s'attache plus fortement au souvenir que celui de Zola. Il éclate comme deux

notes de clairon, violent, tapageur, entre dans l'oreille, l'emplit de sa brusque et sonore gaieté. Zola! quel appel au public! quel cri d'éveil! et quelle fortune pour un évrivain de talent de naître ainsi doté par l'état civil.

Et jamais nom est-il mieux tombé sur un homme? Il semble un défi de combat, une menace d'attaque, un chant de victoire. Or, qui donc, parmi les écrivains d'aujourd'hui, a combattu plus furieusement pour ses idées? qui donc a attaqué plus brutalement ce qu'il croyait injuste et faux? qui donc a triomphé plus bruyamment de l'indifférence d'abord, puis de la résistance hésitante du grand public?

La lutte fut longue pourtant, avant d'arriver à la renommée; et, comme beaucoup de ses aînés, le jeune écrivain eut de bien durs moments.

Né à Paris, le 2 avril 1840, Émile Zola passa à Aix son enfance et ne revint à Paris qu'en février 1858. Il y termina ses études, échoua au baccalauréat, et commença alors la terrible lutte avec la vie. Elle fut acharnée cette lutte; et pendant deux ans le futur auteur des Rougon-Macquart vécut au jour le jour, mangeant à l'occasion, errant à la recherche de la fuyante pièce de cent sous, fréquentant plus souvent le mont-de-piété que les restaurants, et, malgré tout, faisant des vers, des vers incolores, d'ailleurs, sans curiosité de forme ou d'inspiration, dont un certain nombre viennent d'être publiés par les soins de son ami Paul Alexis.

Il raconte lui-même qu'un hiver il vécut quelque temps avec du pain trempé dans l'huile, de l'huile d'Aix que des parents lui avaient envoyée; et il déclarait philosophiquement alors : « Tant qu'on a de l'huile on ne meurt pas de faim ».

D'autres fois il prenait sur les toits des moineaux avec des pièges et les faisait rôtir en les embrochant avec une baguette de rideau. D'autres fois, ayant mis au *clou* ses derniers vêtements, il demeurait une semaine entière en son logis, enveloppé dans sa couverture de lit, ce qu'il appelait stoïquement « faire l'Arabe ».

On trouve dans un de ses premiers livres, *la Confession de Claude,* beaucoup de détails qui paraissent bien personnels et qui peuvent donner une idée exacte de ce que fut sa vie en ces moments.

Enfin il entra comme employé dans la maison Hachette. A partir de ce jour son existence fut assurée, et il cessa de faire des vers pour s'adonner à la prose.

Cette poésie abondante, facile, trop facile, comme je l'ai dit, visait plus la science que l'amour ou que l'art. C'étaient, en général, de vastes conceptions philosophiques, de ces choses grandioses qu'on met en vers parce qu'elles ne sont point assez claires pour être exprimées en prose. On ne trouve jamais, dans ces essais, ces idées larges, un peu abstraites, flottantes aussi, mais saisissantes par une sensation de vérité entrevue, de profondeur un instant découverte, de vision sur l'infini intraduisible, qu'affectionne M. Sully-Prudhomme, le véritable poète philosophe, ni ces si ténus, si menus, si fins, si délicieux et si ouvragés marivaudages d'amour où excellait Théophile Gautier. C'est de la poésie sans caractère déterminé, et sur laquelle M. Zola ne se fait du reste aucune illusion. Il avoue même avec franchise qu'au temps de ses grands élans lyriques en alexandrins, alors qu'il *faisait l'Arabe* en ce belvédère d'où son œil découvrait Paris entier, des doutes parfois le traversaient sur la valeur de ses chants. Mais jamais il n'alla jusqu'au désespoir; et, en ses plus grandes hésitations, il se consolait par cette pensée ingénument audacieuse : « Ma foi tant pis! si je ne suis pas un grand poète je serai au moins un grand prosateur. » C'est qu'il avait une foi robuste, venue de la conscience intime d'un robuste talent, encore endormi, encore confus, mais dont il sentait l'effort pour naître, comme une femme sent remuer l'enfant qu'elle porte en elle.

Enfin il publia un volume de nouvelles : *les Contes à Ninon*, d'un style travaillé, d'une bonne allure littéraire, d'un charme réel, mais où n'apparaissent que vaguement les qualités futures, et surtout l'extrême puissance qu'il devait déployer dans sa série des *Rougon-Macquart*.

Un an plus tard, il donnait *la Confession de Claude,* qui semble une sorte d'auto biographie, œuvre peu digérée, sans envergure et sans grand intérêt; puis *Thérèse Raquin,* un beau livre d'où sortit un beau drame; puis *Madeleine Férat,* roman de second ordre où se rencontrent pourtant de vives qualités d'observation.

Cependant Émile Zola avait quitté depuis

quelque temps déjà la maison Hachette et passé par le *Figaro*. Ses articles avaient fait du bruit, son *Salon* avait révolutionné la république des peintres, et il collaborait à plusieurs journaux où son nom se faisait connaître du public.

Enfin il entreprit l'œuvre qui devait soulever tant de bruit : *les Rougon-Macquart,* qui ont pour sous-titre : *Histoire naturelle et sociale d'une famille sous le second Empire.*

L'espèce d'avertissement suivant, imprimé sur la couverture des premiers volumes de cette série, indique clairement quelle était la pensée de l'auteur.

« Physiologiquement, les *Rougon-Macquart* sont la lente succession des accidents nerveux qui se déclarent dans une race à la suite d'une première lésion organique, et qui déterminent, selon les milieux, chez chacun des individus de cette race, les sentiments, les désirs, les passions, toutes les manifestations humaines, naturelles et instinctives, dont les produits prennent les noms convenus de vertus et de vices. Historiquement, ils partent du peuple ; ils s'irradient dans toute la société contemporaine ; ils montent à toutes ces situations, par cette impulsion essentiellement moderne que reçoivent les basses classes en marche à travers le corps social ; et ils racontent ainsi le second Empire à l'aide de leurs drames individuels, du guet-apens du coup d'État à la trahison de Sedan.»

Voici dans quel ordre virent le jour les divers romans, parus jusqu'ici, de cette série :

La Fortune des Rougon, œuvre large qui contient le germe de tous les autres livres.

La Curée, premier coup de canon tiré par Zola, et auquel devait répondre plus tard la formidable explosion de *l'Assommoir. La Curée* est un des plus remarquables romans du maître naturaliste, éclatant et fouillé, empoignant et vrai, écrit avec emportement, dans une langue colorée et forte, un peu surchargée d'images répétées, mais d'une incontestable énergie et d'une indiscutable beauté. C'est un vigoureux tableau des mœurs et des vices de l'Empire depuis le bas jusqu'au haut de ce que l'on appelle l'échelle sociale, depuis les valets jusqu'aux grandes dames.

Vient ensuite *le Ventre de Paris*, prodigieuse nature morte où l'on trouve la célèbre *Symphonie des Fromages,* pour employer l'expression adoptée. *Le Ventre de Paris,* c'est l'apothéose des halles, des légumes, des poissons, des viandes. Ce livre sent la marée comme les bateaux pêcheurs qui rentrent au port, et les plantes potagères avec leur saveur de terre, leurs parfums fades et champêtres. Et des caves profondes du vaste entrepôt des nourritures, montent entre les pages du volume les écœurantes senteurs des chairs avancées, les abominables fumets des volailles accumulées, les puanteurs de la fromagerie; et toutes ces exhalaisons se mêlent comme dans la réalité, et on retrouve, en lisant, la sensation qu'ils vous ont donnée quand on a passé devant cet immense bâtiment aux mangeailles : *le vrai Ventre de Paris*.

Voici ensuite *la Conquête de Plassans*, roman plus sobre, étude sévère, vraie et parfaite d'une petite ville de province, dont un prêtre ambitieux devient peu à peu le maître.

Puis parut *la Faute de l'abbé Mouret*, une sorte de poème en trois parties, dont la première et la troisième sont, de l'avis de beaucoup de gens, les plus excellents morceaux que le romancier ait jamais écrits.

Ce fut alors le tour de *Son Excellence Eugène Rougon,* où l'on trouve une superbe description du baptême du prince impérial.

Jusque-là, le succès était lent à venir. On connaissait le nom de Zola; les lettrés prédisaient son éclatant avenir, mais les gens du monde, quand on le nommait devant eux, répétaient : « Ah oui! *la Curée* », plutôt pour avoir entendu parler de ce livre que pour l'avoir lu du reste. Chose singulière : sa notoriété était plus étendue à l'étranger qu'en France; en Russie surtout, on le lisait et on le discutait passionnément; pour les Russes il était déjà et il est resté LE ROMANCIER français. On comprend d'ailleurs la sympathie qui a pu s'établir entre cet écrivain brutal, audacieux et démolisseur et ce peuple nihiliste au fond du cœur, ce peuple chez qui l'ardent besoin de la destruction devient une maladie, une maladie fatale, il est vrai, étant donné le peu de liberté dont il jouit comparativement aux nations voisines.

Mais voici que le *Bien public* publie un nouveau roman d'Émile Zola, *l'Assommoir*. Un vrai scandale se produit. Songez donc, l'auteur emploie couramment les mots les plus crus de la langue, ne recule devant aucune audace, et ses personnages étant du peuple, il écrit lui-même dans la langue populaire, l'argot.

Tout de suite des protestations, des désabonnements arrivent; le directeur du journal s'inquiète, le feuilleton est interrompu, puis repris par une petite revue hebdomadaire, *la République des Lettres*, que dirigeait alors le charmant poète Catulle Mendès.

Dès l'apparition en volume du roman, une immense curiosité se produit, les éditions disparaissent, et M. Wolff dont l'influence est considérable sur les lecteurs du *Figaro*, part bravement en guerre pour l'écrivain et son œuvre.

Ce fut immédiatement un succès énorme et retentissant. *L'Assommoir* atteignit en fort peu de temps le plus haut chiffre de vente auquel soit jamais parvenu un volume pendant la même période.

Après ce livre à grand éclat, il donna une œuvre adoucie, *Une page d'amour,* histoire d'une passion dans la bourgeoisie.

Puis parut *Nana*, autre livre à tapage dont la vente dépassa même celle de *l'Assommoir.*

Enfin la dernière œuvre de l'écrivain *Pot-Bouille*, vient de voir le jour.

II

Zola est, en littérature, un révolutionnaire, c'est-à-dire un ennemi féroce de ce qui vient d'exister.

Quiconque a l'intelligence vive, un ardent désir de nouveau, quiconque possède enfin les qualités actives de l'esprit est forcément un révolutionnaire, par lassitude de choses qu'il connaît trop.

Élevés dans le romantisme, imprégnés des chefs-d'œuvre de cette école, tout secoués d'élans lyriques, nous traversons d'abord la période d'enthousiasme qui est la période d'initiation. Mais quelque belle qu'elle soit, une forme devient fatalement monotone, surtout pour les gens qui ne s'occupent que de littérature, qui en font du matin au soir, qui en vivent. Alors un étrange besoin de changement naît en nous; les plus grandes merveilles même, que nous admirions passionnément, nous écœurent parce que nous connaissons trop les procédés de production, parce que nous sommes du bâtiment, comme on dit. Enfin nous cherchons autre chose, ou plutôt nous revenons à autre chose ; mais cet « autre chose » nous le prenons, nous le remanions, nous le complétons, nous le faisons nôtre ; et nous nous imaginons, de bonne foi parfois, l'avoir inventé.

C'est ainsi que les lettres vont de révolution en révolution, d'étape en étape, de réminiscence en réminiscence ; car rien maintenant ne peut être neuf. MM. Victor Hugo et Émile Zola n'ont rien découvert.

Ces révolutions littéraires ne se font pas toutefois sans grand bruit, car le public, accoutumé à ce qui existe, ne s'occupant de lettres que par passe-temps, peu initié aux secrets d'alcôve de l'art, indolent pour ce qui ne touche point ses intérêts immédiats, n'aime pas à être dérangé dans ses admirations établies, et redoute tout ce qui le force à un travail d'esprit autre que celui de ses affaires.

Il est d'ailleurs soutenu dans sa résistance par tout un parti de littérateurs sédentaires, l'armée de ceux qui suivent par instinct les sillons acés, dont le talent manque d'initiative. Ceux-là ne peuvent jamais rien imaginer au delà de ce qui existe, et quand on leur parle des tentatives nouvelles, ils répondent doctoralement : « On ne fera pas mieux que ce qui est ». Cette réponse est juste ; mais tout en admettant qu'on ne fera pas mieux, on peut bien convenir qu'on fera autrement. La source est la même, soit ; mais on changera le cours, et les circuits de l'art seront différents, ses accidents autrement variés.

Donc Zola est un révolutionnaire. Mais un révolutionnaire élevé dans l'admiration de ce qu'il veut démolir, comme un prêtre qui quitte l'autel, comme M. Renan soutenant en somme la Religion, dont bien des gens l'ont cru l'ennemi irréconciliable.

Ainsi, tout en attaquant violemment les romantiques, le romancier qui s'est baptisé naturaliste emploie les mêmes procédés de grossissement, mais appliqués d'une manière différente.

Sa théorie est celle-ci : Nous n'avons pas d'autre modèle que la vie puisque nous ne concevons rien au delà de nos sens ; par conséquent, déformer la vie est produire une œuvre

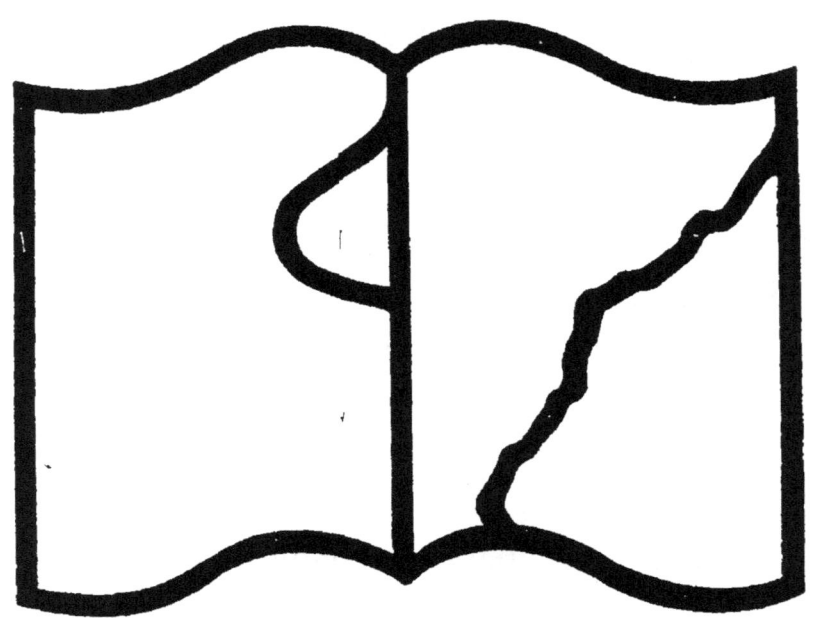

Texte détérioré — reliure défectueuse
NF Z 43-120-11

mauvaise, puisque c'est produire une œuv
d'erreur.

L'imagination a été ainsi définie par Horace

> Humano capiti cervicem pictor equinam
> Jungere si velit, et varias inducere plumas
> Undique collatis membris, ut turpiter atrum
> Desinit in piscem mulier formosa superne...

C'est-à-dire que tout l'effort de notre imagination ne peut parvenir qu'à mettre une tête de belle femme sur un corps de cheval, à couvrir cet animal de plumes et à le terminer en hideux poisson ; soit à produire un monstre.

Conclusion : Tout ce qui n'est pas exactement vrai est déformé, c'est-à-dire devient un monstre. De là à affirmer que la littérature d'imagination ne produit que des monstres, il n'y a pas loin.

Il est vrai que l'œil et l'esprit des hommes s'accoutument aux monstres, qui, dès lors, cessent d'en être, puisqu'ils ne sont monstres que par l'étonnement qu'ils excitent en nous.

Donc, pour Zola, la vérité seule peut produire des œuvres d'art. Il ne faut donc pas imaginer ; il faut observer et décrire scrupuleusement ce qu'on a vu.

Ajoutons que le tempérament particulier de l'écrivain donnera aux choses qu'il décrira une couleur spéciale, une allure propre, selon la nature de son esprit. Il a défini ainsi son naturalisme : « La nature vue à travers un tempérament » ; et cette définition est la plus claire, la plus parfaite qu'on puisse donner de la littérature en général. Ce TEMPÉRAMENT est la marque de fabrique ; et le plus ou moins de talent de l'artiste imprimera une plus ou moins grande originalité aux visions qu'il nous traduira.

Car la vérité absolue, la *vérité sèche,* n'existe pas, personne ne pouvant avoir la prétention d'être un miroir parfait. Nous possédons tous une tendance d'esprit qui nous porte à voir, tantôt d'une façon, tantôt d'une autre ; et ce qui semble vérité à celui-ci semblera erreur à celui-là. Prétendre faire vrai, absolument vrai, n'est qu'une prétention irréalisable, et l'on peut tout au plus s'engager à reproduire exactement ce qu'on a vu, tel qu'on l'a vu, à donner les impressions telles qu'on les a senties, selon les facultés de voir et de sentir, selon l'impressionnabilité propre que la nature a mise en nous.

Toutes ces querelles littéraires sont donc surtout des querelles de tempérament; et on érige le plus souvent en questions d'école, en questions de doctrines, les tendances diverses des esprits.

Ainsi Zola, qui bataille avec acharnement en faveur de la vérité observée, vit très retiré, ne sort jamais, ignore le monde. Alors que fait-il ? avec deux ou trois notes, quelques renseignements venus de côtés et d'autres, il reconstitue des personnages, des caractères, il bâtit ses romans. Il imagine enfin, en suivant le plus près possible la ligne qui lui paraît être celle de la logique, en côtoyant la vérité autant qu'il le peut.

Mais fils des romantiques, romantique lui-même dans tous ses procédés, il porte en lui une tendance au poème, un besoin de grandir, de grossir, de faire des symboles avec les êtres et les choses. Il sent fort bien d'ailleurs cette pente de son esprit; il la combat sans cesse pour y céder toujours. Ses enseignements et ses œuvres sont éternellement en désaccord.

Qu'importent, du reste, les doctrines, puisque seules les œuvres restent; et ce romancier a produit d'admirables livres qui gardent quand même, malgré sa volonté, des allures de chants épiques. Ce sont des poèmes sans poésies voulues, sans les conventions adoptées par ses prédécesseurs, sans aucune des rengaines poétiques, sans parti pris, des poèmes où les choses, quelles qu'elles soient, surgissent égales dans leur réalité, et se reflètent élargies, jamais déformées, répugnantes ou séduisantes, laides ou belles indifféremment, dans ce miroir grossissant mais toujours fidèle et probe que l'écrivain porte en lui.

Le *Ventre de Paris* n'est-il pas le poème des nourritures? l'*Assommoir* le poème du vin, de l'alcool et des soûleries? *Nana* n'est-il pas le poème du vice?

Qu'est donc ceci, sinon de la haute poésie, sinon l'agrandissement magnifique de la gueuse?

« Elle demeurait debout au milieu des richesses entassées de son hôtel, avec un peuple d'hommes abattus à ses pieds. Comme ces monstres antiques dont le domaine redouté était couvert d'ossements, elle posait ses pieds sur des crânes; et des catastrophes l'entouraient : la flambée furieuse de Vandeuvres, la mélancolie de Foucarmont perdu dans les mers de Chine, le désastre de Steiner réduit à vivre en honnête homme, l'imbécillité satisfaite de La Faloise, et le tragique effondrement des Muffat, et le blanc cadavre de Georges veillé par Philippe, sorti la veille de prison. Son œuvre de ruine et de mort était faite; la mouche envolée de l'ordure des faubourgs, apportant le ferment des pourritures sociales, avait empoisonné ces hommes, rien qu'à se poser sur eux. C'était bien, c'était juste; elle avait vengé son monde, les gueux et les abandonnés. Et, tandis que dans une gloire, son sexe montait et rayonnait sur ces victimes étendues, pareil à un soleil levant qui éclaire un champ de carnage, elle gardait son inconscience de bête superbe, ignorante de sa besogne, bonne fille toujours. »

Ce qui a déchaîné, par exemple, contre Émile Zola les ennemis de tous les novateurs, c'est la hardiesse brutale de son style. Il a déchiré, crevé les conventions du « comme-il-faut » littéraire, passant au travers, ainsi qu'un clown musculeux dans un cerceau de papier. Il a eu l'audace du mot propre, du mot cru, revenant en cela aux traditions de la vigoureuse littérature du xvi° siècle; et, plein d'un mépris hautain pour les périphrases polies, il semble s'être approprié le célèbre vers de Boileau :

> J'appelle un chat un chat, etc.

Il semble même pousser jusqu'au défi cet amour de la vérité nue, se complaire dans les descriptions qu'il sait devoir indigner le lecteur, et le gorger de mots grossiers pour lui apprendre à les digérer, à ne plus faire le dégoûté.
Son style large, plein d'images, n'est pas sobre et précis comme celui de Flaubert, ni ciselé et raffiné comme celui de Théophile Gautier, ni subtilement brisé, trouveur, compliqué, délicatement séduisant comme celui de Goncourt; il est surabondant et impétueux comme un fleuve débordé qui roule de tout.
Né écrivain, doué merveilleusement par la nature, il n'a point travaillé comme d'autres à perfectionner jusqu'à l'excès son instrument. Il s'en sert en dominateur, le conduit et le règle à sa guise, mais il n'en a jamais tiré ces merveilleuses phrases qu'on trouve en certains maîtres. Il n'est point un virtuose de la langue, et il semble même parfois ignorer quelles vibrations prolongées, quelles sensations presque

imperceptibles et exquises, quels spasmes d'art certaines combinaisons de mots, certaines harmonies de construction, certains incompréhensibles accords de syllabes produisent au fond des âmes des raffinés fanatiques, de ceux qui vivent pour le Verbe et ne comprennent rien en dehors de lui.

Ceux-là sont rares, du reste, très rares, et incompris de tous quand ils parlent de leurs tendresses pour la phrase. On les traite de fous, on sourit, on hausse les épaules, on proclame : « La langue doit être claire et simple, rien de plus ».

Il serait inutile de parler musique aux gens qui n'ont point d'oreille.

Émile Zola s'adresse au public, au grand public, à tout le public, et non pas aux seuls raffinés. Il n'a point besoin de toutes ces subtilités; il écrit clairement, d'un beau style sonore. Cela suffit.

Que de plaisanteries n'a-t-on point jetées à cet homme, de plaisanteries grossières et peu variées. Vraiment, il est facile de faire de la critique littéraire en comparant éternellement un écrivain à un vidangeur en fonctions, ses amis à des aides, et ses livres à des dépotoirs.

Ce genre de gaieté d'ailleurs n'émeut guère un convaincu qui sent sa force.

D'où vient cette haine? Elle a bien des causes. D'abord la colère des gens troublés dans la tranquillité de leurs admirations, puis la jalousie de certains confrères, et l'animosité de certains autres qu'il avait blessés dans ses polémiques, puis enfin l'exaspération de l'hypocrisie démasquée.

Car il a dit crûment ce qu'il pensait des hommes, de leurs grimaces et de leurs vices cachés derrière des apparences de vertus; mais la théorie de l'hypocrisie est tellement enracinée chez nous, qu'on permet tout excepté cela. Soyez tout ce que vous voudrez, faites tout ce qu'il vous plaira, mais arrangez-vous de façon que nous puissions vous prendre pour un honnête homme. Au fond, nous vous connaissons bien, mais il nous suffit que vous fassiez semblant d'être ce que vous n'êtes pas; et nous vous saluerons, et nous vous tendrons la main.

Or Émile Zola a réclamé énergiquement et a pris sans hésiter la liberté de tout dire, la liberté de raconter ce que chacun fait. Il n'a point été dupe de la comédie universelle, et ne s'y est pas mêlé. Il s'est écrié : « Pourquoi mentir ainsi? Vous ne trompez personne. Sous tous ces masques rencontrés tous les visages sont connus. Vous vous faites, en vous croisant, de fins sourires qui veulent dire : « Je « sais tout »; vous vous chuchotez à l'oreille les scandales, les histoires corsées, les dessous sincères de la vie; mais si quelque audacieux se met à parler fort, à raconter tranquillement, d'une voix haute et indifférente, tous ces secrets de Polichinelle des mondains, une clameur s'élève, et des indignations feintes, et des pudeurs de Messaline, et des susceptibilités de Robert Macaire. — Eh bien, moi, je vous brave, je serai cet audacieux. » Et il l'a été.

Personne peut-être, dans les lettres, n'a excité plus de haines qu'Émile Zola. Il a cette gloire de plus de posséder des ennemis féroces, irréconciliables, qui, à toute occasion, tombent sur lui comme des forcenés, emploient toutes les armes, tandis que lui les reçoit avec des délicatesses de sanglier. Ses coups de boutoir sont légendaires.

Or, si quelquefois les horions qu'il a reçus l'ont un peu meurtri, que n'a-t-il pas pour se consoler? Aucun écrivain n'est plus connu.

plus répandu aux quatre coins du monde. Dans les plus petites villes étrangères on trouve ses livres chez tous les libraires, en tous les cabinets de lecture. Ses adversaires les plus enragés ne contestent plus son talent; et l'argent dont il a tant manqué entre maintenant à flots chez lui.

Émile Zola a donc la rare fortune de posséder de son vivant ce que bien peu arrivent à conquérir : la célébrité et la richesse. On pourrait compter les artistes sur qui ce bonheur est tombé, tandis que ceux devenus illustres après leur mort, et dont les œuvres n'ont été payées à prix d'or qu'à leurs arrière-héritiers, sont innombrables.

III

Zola a aujourd'hui quarante et un ans. Sa personne répond à son talent. Il est de taille moyenne, un peu gros, d'aspect bonhomme mais obstiné. Sa tête, très semblable à celle qu'on retrouve dans beaucoup de vieux tableaux italiens, sans être belle, présente un grand caractère de puissance et d'intelligence. Les cheveux courts se redressent sur un front très développé, et le nez droit s'arrête, coupé net comme par un coup de ciseau trop brusque au-dessus de la lèvre supérieure ombragée d'une moustache noire assez épaisse. Tout le bas de cette figure grasse, mais énergique, est couvert de barbe taillée près de la peau. Le regard noir, myope, pénétrant, fouille, sourit, souvent méchant, souvent ironique, tandis qu'un pli très particulier retrousse la lèvre supérieure d'une façon drôle et moqueuse.

Toute sa personne ronde et forte donne l'idée d'un boulet de canon ; elle porte crânement son nom brutal, aux deux syllabes bondissantes dans le retentissement des deux voyelles.

Sa vie est simple, toute simple. Ennemi du monde, du bruit, de l'agitation parisienne, il a vécu d'abord très retiré en des appartements situés loin des quartiers agités. Il s'est maintenant réfugié en sa campagne de Médan qu'il ne quitte plus guère.

Il a cependant un logis à Paris où il passe environ deux mois par an. Mais il paraît s'y ennuyer et se désole d'avance quand il va lui falloir quitter les champs.

A Paris, comme à Médan, ses habitudes sont les mêmes, et sa puissance de travail semble extraordinaire. Levé tôt, il n'interrompt sa besogne que vers une heure et demie de l'après-midi, pour déjeuner. Il se rassied à sa table vers trois heures jusqu'à huit, et souvent même il se remet à l'œuvre dans la soirée. De cette façon, pendant des années il a pu, tout en produisant près de deux romans par an, fournir un article quotidien au *Sémaphore de Marseille*, une chronique hebdomadaire à un grand journal parisien et une longue étude mensuelle à une importante Revue russe.

Sa maison ne s'ouvre que pour des amis intimes et reste impitoyablement fermée aux indifférents. Pendant ses séjours à Paris, il reçoit généralement le jeudi soir. On rencontre chez lui, son rival et ami, Alphonse Daudet, Tourgueneff, Montrosier, les peintres Guillemet, Manet, Coste, les jeunes écrivains dont on fait ses disciples, Huysmans, Hennique, Céard, Rod et Paul Alexis, souvent l'éditeur Charpentier. Duranty était un habitué de la maison. Parfois apparaît Edmond de Goncourt, qui sort peu le soir, habitant très loin.

Pour les gens qui cherchent dans la vie des hommes et dans les objets dont ils s'entourent les explications des mystères de leur esprit,

Zola peut être un Cas intéressant. Ce fougueux ennemi des romantiques s'est créé, à la campagne comme à Paris, des intérieurs tout romantiques.

A Paris, sa chambre est tendue de tapisseries anciennes ; un lit Henri II s'avance au milieu de la vaste pièce éclairée par d'anciens vitraux d'église qui jettent leur lumière bariolée sur mille bibelots fantaisistes, inattendus en cet antre de l'intransigeance littéraire. Partout des étoffes antiques, des broderies de soie vieillies, de séculaires ornements d'autel.

A Médan, la décoration est la même. L'habitation, une tour carrée au pied de laquelle se blottit une microscopique maisonnette, comme un nain qui voyagerait à côté d'un géant, est située le long de la ligne de l'Ouest ; et d'instant en instant les trains qui vont et qui viennent semblent traverser le jardin.

Zola travaille au milieu d'une pièce démesurément grande et haute, qu'un vitrage donnant sur la plaine éclaire dans toute sa largeur. Et cet immense cabinet est aussi tendu d'immenses tapisseries, encombré de meubles de tous les temps et de tous les pays. Des armures du moyen âge, authentiques ou non, voisinent avec d'étonnants meubles japonais et de gracieux objets du xviiie siècle. La cheminée monumentale, flanquée de deux bonshommes de pierre, pourrait brûler un chêne en un jour ; et la corniche est dorée à plein or, et chaque meuble est surchargé de bibelots.

Et pourtant Zola n'est point collectionneur. Il semble acheter pour acheter, un peu pêle-mêle, au hasard de sa fantaisie excitée, suivant les caprices de son œil, la séduction des formes et de la couleur, sans s'inquiéter comme Goncourt des origines authentiques et de la valeur incontestable.

Gustave Flaubert, au contraire, avait la haine du bibelot, jugeant cette manie niaise et puérile. Chez lui, on ne rencontrait aucun de ces objets qu'on nomme « curiosités », « antiquités » ou « objets d'art ». A Paris, son cabinet, tendu de perse, manquait de ce charme enveloppant qu'ont les lieux habités avec amour et ornés avec passion. Dans sa campagne de Croisset, la vaste pièce où peinait cet acharné travailleur n'était tapissée que de livres. Puis, de place en place, quelques souvenirs de voyage ou d'amitié, rien de plus.

Les abstracteurs de quintessence psychologi=

que n'auraient-ils pas là un curieux sujet d'observation?

En face de sa maison, derrière la prairie séparée du jardin par le chemin de fer, Zola voit, de ses fenêtres, le grand ruban de la Seine coulant vers Triel, puis une plaine immense et des villages blancs sur le flanc de coteaux lointains, et, au-dessus, des bois couronnant les hauteurs. Parfois, après son déjeuner, il descend une charmante allée qui conduit à la rivière, traverse le premier bras d'eau dans sa barque « Nana » et aborde dans la grande île, dont il vient d'acheter une partie. Il a fait bâtir là un élégant pavillon, où il compte, l'été, recevoir ses amis.

Aujourd'hui, il semble presque avoir abandonné le journalisme, mais ses adieux à la bataille quotidienne ne sont point définitifs, et nous le reverrons, au premier jour, reprendre dans la presse la lutte pour ses idées; car il est lutteur par instinct, et pendant des années il a combattu sans relâche et sans la plus petite défaillance. Il a réuni, du reste, en volumes, tous ses articles de principes, et ils forment son *Œuvre critique*.

Ses idées très nettes sont exposées avec une

rare vigueur. Ses « Documents littéraires », ses « Romanciers naturalistes », « Nos auteurs dramatiques » peuvent être classés parmi les documents de critique les plus intéressants et les plus originaux qui soient. Sont-ils indiscutablement concluants? A cela on pourrait répondre : « Quelque chose est-elle indiscutablement concluante? » Est-il une seule indiscutable vérité?

Pour compléter l'énumération de ses livres de discussion, citons « Mes Haines », « le Roman expérimental », « le Naturalisme au théâtre, » et, enfin, « une Campagne » qui vient de paraître.

Le théâtre est une de ses préoccupations. Il sent, comme tout le monde, que c'en est fait des anciennes ficelles, des anciens drames, de tout l'ancien jeu. Mais il ne semble pas avoir encore dégagé la formule nouvelle, pour employer son expression favorite, et ses essais jusqu'à ce jour n'ont pas été victorieux, malgré le mouvement qui s'est fait autour de son drame *Thérèse Raquin*.

Ce drame terrible a produit, dans le début, un effet de saisissement profond. Peut-être l'excès même de l'émotion a-t-il nui au succès définitif. On a essayé plusieurs fois de le reprendre sans parvenir à une complète réussite.

La seconde pièce de Zola, « les Héritiers Rabourdin », a été jouée au théâtre Cluny, sous la direction d'un des hommes les plus audacieux et les plus intelligents qu'on ait vus de longtemps conduire une scène parisienne, M. Camille Weinschenk. La pièce, applaudie mais insuffisamment interprétée, ne resta guère sur l'affiche.

Enfin « le Bouton de Rose » au Palais-Royal fut une vraie chute, sans espoir de retour.

Zola vient, en outre, de terminer un grand drame tiré de *la Curée,* plus, dit-on, une autre pièce encore. Il se pourrait que le rôle principal de la première de ces œuvres fût destiné à Mlle Sarah Bernhardt.

Quel que soit le succès futur de ces essais dramatiques, il semble prouvé, dès à présent, que ce remarquable écrivain est doué surtout pour le roman, et que cette forme seule se prête en tout au développement complet de son vigoureux talent.

www.ingramcontent.com/pod-product-compliance
Lightning Source LLC
Chambersburg PA
CBHW060714050426
42451CB00010B/1443